Lorsque vous avez éliminé l'impossible, ce qui reste, si improbable soit-il, est nécessairement la vérité.

Sir Arthur Conan Doyle
(créateur de Sherlock Holmes)

AVANT DE COMMENCER

Si vous avez peu ou pas de formation en mathématiques, mais aimez la gymnastique mentale, ce livre est pour vous. Vous y trouverez des casse-tête mathématiques de toutes sortes. Il y en a pour tous les goûts. Une certaine connaissance des mathématiques serait sans doute utile, mais vous n'avez pas à jongler avec des formules. Si nous en faisons mention, c'est simplement comme supplément à une approche de sens commun.

Certains problèmes sont des mystères classiques provenant de mathématiciens de renom ou anonymes; certains sont semblables à des casse-tête connus qui ont été transmis de génération en génération. Certaines idées et suggestions proviennent d'étudiants, de leurs parents ou de collègues, et nous leur sommes très reconnaissants de leur contribution.

Comment aborder ce livre ? Si vous voulez commencer au début et vous rendre de façon méthodique jusqu'à la fin, c'est une façon comme une autre.

Hormis le premier chapitre (qui contient surtout des casse-têtes faciles visant à vous préparer), les casse-têtes ne sont pas ordonnés selon une catégorie des mathématiques ou le degré de difficulté. Avec un peu de chance, cela vous empêchera de croire que vous avez atteint la limite de vos capacités à un moment donné. Vous serez peut-être moins tenté de renoncer lorsque certains problèmes seront plus difficiles, et serez peut-être surpris de constater que vous pouvez les résoudre !

N'abandonnez pas ! Ne regardez pas les réponses trop vite ! Essayez de surmonter les blocages mentaux. Ce sera beaucoup plus amusant !

Les personnes suivantes ont formulé des idées et nous ont inspirés : Joerg Dehyle, Günter Dörner, Walter Dörner, Sonja Grosse, Sebastian Kühn et Peter Urban.

—1—

RÉCHAUFFEMENT

100 CIGOGNES

Si 5 cigognes attrapent 5 grenouilles en 5 minutes, combien de temps faudra-t-il pour que 100 cigognes attrapent 100 grenouilles ?

Réponse à la page 55.

COMPAGNONS DE CLASSE

Bob, Tim et Lisa sont compagnons de classe, mais ils n'ont pas du tout la même taille. Tim a 14 pouces de plus que Lisa. La différence de taille entre Tim et Bob est de deux pouces de moins que la différence de taille entre Bob et Lisa. Tim est le plus grand de la classe. Il mesure 6 pieds 6 pouces.

Quelle est la taille de Bob et de Lisa ?

Réponse à la page 55.

ARGENT DE POCHE

En revenant de l'école, Tom se rend compte qu'il n'a que la moitié de l'argent de poche de Marc. (Marc est plus vieux que Tom.) Suzie a trois ans de plus et reçoit trois fois ce que Tom reçoit. Ensemble, les trois reçoivent 144 $.

Combien d'argent de poche chacun des enfants reçoit-il ?

Réponse à la page 55.

DUO

1. Un fermier a combiné deux tas de compost à trois autres. Combien de tas de compost a-t-il ?

2. Une famille nombreuse comprend sept fils et chacun d'entre eux a une sœur. Combien y a-t-il de personnes dans cette famille ?

Réponses à la page 56.

UN PARTAGE ÉQUITABLE

Un gros biscuit doit être partagé entre deux enfants. Ils veulent tous deux que le partage soit équitable. Chacun ne veut pas que l'autre obtienne un plus gros morceau.

Comment les enfants peuvent-ils être certains qu'ils ont vraiment reçu la moitié du biscuit?

Réponse à la page 56.

UN NOMBRE S'IL VOUS PLAÎT

Quel est le plus petit nombre à cinq chiffres où le chiffre des dizaines (10) est deux fois le chiffre des milliers (1 000) (et aucun des deux chiffres n'est zéro)?

Réponse à la page 56.

VRAIES JUMELLES

Andréa et Bonnie sont des jumelles identiques. Plus exactement, elles diffèrent sur un seul point : Andréa raconte toujours des mensonges, tandis que Bonnie dit toujours la vérité.

Quelle question pourriez-vous leur poser à toutes les deux pour savoir laquelle est laquelle?

Réponse à la page 57.

SALADE AUX ŒUFS

Le fermier Tuttle a plusieurs poules. Il sait que 20 d'entre elles, logées dans 3 poulaillers, pondront 30 œufs en 18 jours.

Combien de temps prendront 30 poules dans quatre poulaillers pour pondre le même nombre d'œufs ?

Réponse à la page 57.

CIDRE DE POMME

Comment pouvez-vous prendre un litre de cidre de pomme dans un baril si vous ne disposez que d'une cruche de trois litres et d'une de cinq litres ?

Réponse à la page 58.

NÉNUPHARS

Il n'y avait que un seul nénuphar sur le lac au début de juin. Toutefois, il a rapidement été couvert de nénuphars. L'aire couverte doublait chaque jour. À la fin de juin, le lac était entièrement couvert.

1. À quel moment le lac était-il couvert de moitié ?
2. Combien faudrait-il de temps à deux nénuphars pour couvrir le lac entièrement ?

Réponse à la page 58.

—2—

LIENS FAMILIAUX

M. HOOPER FAIT LA SIESTE

Pour se rendre au travail, M. Hooper prend un autobus privé qui prend à son bord tous les employés de l'entreprise. Il embarque au premier arrêt et doit parcourir un long trajet avant d'arriver; il en profite donc pour faire une sieste.

Aujourd'hui, M. Hooper est très fatigué. Il s'endort au moment où l'autobus doit parcourir deux fois la distance qu'il a déjà parcourue.

À mi-chemin, il s'éveille en raison des cahots de la route. Lorsqu'il se rendort, l'autobus doit parcourir la moitié de la distance qu'il a déjà parcourue. M. Hooper s'éveille à la fin du trajet.

Pendant quelle portion du trajet total M. Hooper a-t-il dormi ?

Réponse à la page 59.

FRÈRES

Richard a 33 ans aujourd'hui. Il est trois fois plus vieux que son frère Philippe lorsqu'il avait l'âge que Philippe a aujourd'hui.

Quel âge a Philippe?

Réponse à la page 58.

TROIS GÉNÉRATIONS

Grand-papa Hooper a établi ce qui suit : « Mon fils Charles a 24 ans de moins que moi et 35 ans de plus que mon petit-fils Tim. La somme de leurs âges est égale à 100. »

Quel âge ont-ils?

Réponse à la page 61.

RÉSIDENCE D'ÉTÉ

La famille Gooch, la famille McCoy, un célibataire et un couple sans enfants ont décidé d'acheter une résidence d'été ensemble. Ils divisent le prix d'achat selon le nombre de personnes dans les familles et le temps qu'ils passeront dans la résidence.

Le prix de la résidence est de 264 000 $. La plus petite des deux familles – les McCoy – a deux enfants et paiera le tiers du prix. La famille la plus nombreuse – les Gooch – paiera trois fois le montant payé par le célibataire et deux fois le montant payé par le couple.

Quel est le montant que devra payer chacune des parties ? Quel est l'avoir propre qu'ils obtiennent pour leur argent ?

Réponse à la page 60.

AU REVOIR M. FISK!

Pendant la guerre, les Fisk apprennent qu'ils auront un bébé. Lorsque Harry Fisk a été appelé à servir, il a courageusement accepté. Toutefois, il n'est pas parti avant d'avoir fait son testament.

Il a établi que l'argent d'un compte d'épargne (14 000 $) devait être partagé entre sa femme et son enfant à naître. Si l'enfant était un garçon, sa femme devait lui donner deux fois le montant de sa part à elle. Si l'enfant était une fille, la mère obtiendrait deux fois le montant reçu par la fille.

Nous ne pouvons pas prétendre que nous comprenons ce qui se passait dans l'esprit de M. Fisk. Pourquoi un tel testament?! Nous ne le saurons jamais, car le sort a voulu que M. Fisk ne revienne pas. Mme Fisk a donné naissance à deux faux jumeaux. Vous l'avez deviné : un garçon et une fille!

De quelle façon l'argent a-t-il été divisé?

Réponse à la page 61.

LE GROS ALBERT

Quatre membres de la famille Knott sont sur le point de traverser un lac dans un petit canot pneumatique en caoutchouc. Ils se rendent vite compte que le canot peut transporter 200 livres au plus, le poids d'Albert à lui seul !

Le reste de la famille Knott est nettement moins lourd. Par exemple, le poids de Gigi n'est que de 104 livres. Le poids de Nita est de six livres de moins et le poids total des quatre membres de la famille ne dépasse pas 494 livres. Cela dit, le poids n'est pas le seul problème. Nita Knott ne sait pas comment ramer (contrairement à tous les autres, y compris Mona).

Après un long débat, les Knott ont trouvé un moyen de traverser le lac en toute sécurité. Quelle est leur solution ?

Réponse à la page 62.

LE PETIT FREDDIE

Dans quelques semaines, le petit Freddie fêtera son dixième anniversaire. Dans onze ans, Freddie aura la moitié de l'âge moyen de ses parents. Sa mère a seulement 17 ans de plus que son fils. Quel âge ont le père et la mère de Freddie ?

Réponse à la page 62.

LES PAIRES DE PAT

Pat fait le ménage de l'armoire et trouve six mitaines identiques (on peut les porter dans la main gauche ou la main droite) et neuf bas identiques.

Combien de pièces de vêtement devrait-il sortir de l'armoire pour s'assurer d'avoir : 1) une paire correspondante; 2) trois paires correspondantes identiques et 3) quatre paires de bas?

Réponse à la page 63.

–3–

POUR LE SIMPLE PLAISIR

LES BONDS DU CAVALIER

Est-ce que le cavalier d'un jeu d'échecs peut toucher une seule fois seulement chacune des 64 cases s'il commence dans un coin – le coin inférieur gauche par exemple (a1) – et se rendre au coin opposé (h8) ?

Réponse à la page 63.

JEU DE SOUS-VERRES RONDS

Jason et Jean sont sur le point de jouer à un jeu. Ils ont besoin d'une table ronde et d'un grand nombre de serviettes de table ou de sous-verres ronds identiques, de deux couleurs différentes. Les joueurs placeront un sous-verre sur la table à tour de rôle.

Important : Les sous-verres peuvent se toucher, mais ils ne peuvent jamais se chevaucher.

Le joueur qui a placé le dernier sous-verre sur la table gagne la partie.

Jason réfléchit depuis un certain temps, et il a pensé à une stratégie pour forcer le jeu et gagner la partie. Quel est son stratagème ?

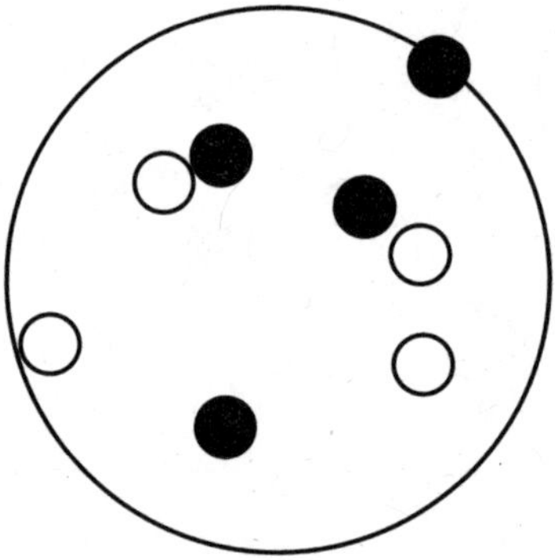

Réponse à la page 64.

UN VOL SANS ESCALE

Deux bonnes amies et cyclistes passionnées, Nicki et Vickie, veulent se rendre visite et décident de se rencontrer à mi-chemin.

La distance entre leur ville respective, reliées par une route droite, est de 36 milles. Les deux cyclistes pédalent à une vitesse de six milles à l'heure.

Un élément est inattendu toutefois : Nicki emmène son pigeon voyageur. Elle le laisse prendre son envol vers Vickie au début de sa randonnée. Le pigeon vole à une vitesse de 18 milles à l'heure. Lorsqu'il rencontre Vickie, il retourne immédiatement vers Nicki.

Quelle distance le pigeon a-t-il parcourue lorsque les deux amies se rencontrent? (Le pigeon ne prend aucune pause.)

Réponse à la page 65.

FACE AU DÉ

Quelqu'un a marqué les six faces d'un dé avec les chiffres 1, 2 et 3 (en écrivant deux fois le même chiffre). Le dé est posé sur une table. Quatre personnes s'assoient autour de la table, de façon à voir trois faces du dé d'un coup d'œil. Appelons-les Abe, Babe, Cabe et Dave.

Voici ce que voit chacun d'eux :

> Abe voit le chiffre 1 et deux chiffres pairs.
> Babe voit deux chiffres 2.
> Cabe et Dave peuvent voir chacun trois chiffres différents.

Quels sont les chiffres que ces personnes regardent?

Quel chiffre fait face à la table?

Réponses à la page 67.

VACANCES TRANQUILLES

La famille Hooper planifie un voyage. Elle a neuf jours et décide d'explorer le nord du pays. Elle veut éviter le stress d'un long voyage en voiture, alors elle décide de parcourir une distance relativement courte le premier jour et de parcourir seulement 20 milles de plus chaque jour.

Le dernier jour de vacances, elle aura parcouru un total de 1 080 milles.

Combien de milles parcourront-ils le quatrième jour?
Combien de milles parcourront-ils le dernier jour?

Réponses à la page 69.

GAINS RÉALISÉS AU CASINO

Trois amis prévoient une visite au casino pendant la fin de semaine. Ils comptent gagner beaucoup d'argent. Pour augmenter leurs chances, ils décident de mettre leurs économies en commun. Antoine contribue en donnant la moitié du montant voulu et William contribue en donnant le tiers. Jacques doit fournir le reste. Cependant, il ne fournit que le neuvième du montant voulu.

Le système qu'ils ont adopté pour gagner a fonctionné au-delà de leurs plus folles espérances. Ils ont gagné 17 jetons très précieux à la fin de la première soirée. Jacques a alors commencé à avoir peur. Il ne pouvait se défaire de l'idée qu'ils perdraient tous leurs gains, alors il a voulu se retirer. Antoine et William ont compris et ont convenu de partager leurs gains sans attendre, proportionnellement à leur contribution de départ.

Malheureusement, il était très tard et la banque du casino était déjà fermée. Il était donc impossible de changer les jetons pour de l'argent. Toutefois, comme Jacques était inquiet, il a insisté pour que ses amis le payent tout de suite, sans attendre le lendemain matin. Par bonheur, un étranger qui avait entendu leur conversation est venu à sa rescousse.

Quelle était la solution ?

Réponse à la page 65.

UNE PARTIE DE CARTES

Cinq amis se réunissent chaque semaine pour jouer une partie de cartes. Ils utilisent une table à six chaises. À un certain moment, ils se rendent compte que la disposition des sièges change chaque semaine et qu'ils ont épuisé toutes les possibilités.

Depuis combien de temps jouent-ils ensemble ?

Réponse à la page 71.

JEU DE BÂTONNETS

Deux amis jouent à un jeu avec 100 bâtonnets de bois empilés entre eux. Selon les règles du jeu, ils doivent retirer un à six bâtonnets à chaque tour. Le joueur qui enlève le dernier bâtonnet gagne la partie.

Au dernier tour, un joueur peut enlever un à six bâtonnets au plus.

Est-il possible de forcer l'issue de la partie pour l'emporter ? Dans l'affirmative, de quelle façon ?

Réponse à la page 66.

MASSE CORPORELLE

Ted et Ned, deux gars costauds, se livrent à une partie de tir au poignet. À un certain moment, la question de leur poids vient sur le tapis. Ned n'hésite pas à dire son poids, mais Ted est plus « lourd » qu'il ne le souhaiterait et se montre réticent à dire le sien. Par conséquent, lorsque Ned revient à la charge, il lui révèle son poids au moyen d'une énigme.

« Je pèse 154 livres plus la moitié de mon poids », dit-il.

Ned a mis un bon bout de temps avant de trouver le poids réel de Ted. L'avez-vous trouvé ?

Réponse à la page 67.

NOMBRES DE FIBONACCI

Rita est un génie des mathématiques. Tout le monde le sait et essaie de lui poser des colles.

Au cours d'une soirée, Rita n'a pas attendu qu'on lui demande de relever le défi. Elle a pris les devants et a demandé à Mme Bussy de choisir deux chiffres au hasard. Mme Bussy choisit 6 et 13. Rita en prend note sur papier et demande à William de les additionner. La somme des deux nombres, 19, est maintenant le troisième élément dans la colonne d'addition de Rita.

Elle demande à William d'additionner ce total au nombre précédent. Il obtient 19 + 13 = 32. Le nombre 32 est le prochain nombre à écrire.

Le processus se répète jusqu'à ce que Rita obtienne une colonne de dix nombres. Elle demande alors à l'auditoire d'additionner les rangées de chiffres.

À ce moment-là, Rita s'est vraiment montrée à la hauteur de sa réputation. Avant que qui que ce soit n'ait eu la chance de commencer à additionner, elle avait déjà écrit la réponse.

Réponse aux pages 68 et 69.

TOURNOI

Au tournoi de tennis local, on doit déterminer le champion entre 100 compétiteurs par élimination. Dès que l'un des compétiteurs perd un match, il rejoint les spectateurs.

Combien de matchs sont nécessaires pour déterminer le gagnant ?

Réponse à la page 70.

UNE COURSE INÉGALE

Trois amis veulent faire une course de bicyclette. Neal possède une bonne bicyclette de course et beaucoup d'expérience (il fait partie d'un club de cyclistes), tandis qu'Oscar vient d'apprendre à pédaler. La course semble à tout le moins inégale. Après en avoir discuté, ils trouvent une solution qui semble rendre la course plus égale. Ils conviennent d'une distance de 50 milles et que le meilleur cycliste, Neal, ferait équipe avec le débutant, Oscar. Ils feraient la course avec l'autre cycliste, Patrick, chacun parcourant la moitié de la distance et combinant leur temps, alors que Patrick ferait tout le parcours seul.

Qui gagnerait la course si Oscar pouvait pédaler seulement à la moitié de la vitesse de Patrick et si Neal pouvait pédaler quatre fois plus vite qu'Oscar ?

Réponse à la page 70.

–4–

TRAIN-TRAIN HABITUEL

TRAVAIL AU NOIR

Pierre et Steve travaillent au noir. Ils rénovent la salle de bain des Hooper. Pierre est le spécialiste et Steve l'aide avec les gros travaux. Il transporte les carreaux, les dispose et mélange le coulis.

Au besoin, Pierre peut travailler sans Steve, mais Steve ne peut pas faire les travaux sans Pierre. Par conséquent, Pierre gagne 150 $ par jour, soit 30 $ de plus que Steve.

Le coût total des travaux de rénovation pour la salle de bain est de 2 190 $, et Steve a travaillé au moins la moitié du nombre de jours de travail de Pierre. Pendant combien de jours chacun des hommes a-t-il travaillé ?

Réponse à la page 72.

LA PORSCHE ET LA VOLKSWAGEN

Une Porsche quitte Northville à 8 h à une vitesse de 90 milles à l'heure. Sa destination est Southport.

Une heure plus tard, une Volkswagen quitte Southport sans se presser à une vitesse de 50 milles à l'heure. Sa destination – vous l'aurez deviné – est Northville. La distance totale entre les deux villes est de 390 milles.

À quel moment les deux voitures atteignent-elles leur destination ?

Laquelle des voitures était le plus loin de Northville lorsqu'elles se sont croisées sur la route ?

Réponses à la page 73.

FRUSTRATION

Un vendeur conduit une voiture sport de Lakeville à Johnstown, sur une distance de 25 milles. Il ne peut pas avancer très vite en raison des travaux de construction routière. En fait, pendant les premiers 12 milles, sa vitesse moyenne n'est que de 20 milles à l'heure.

Quelle doit être sa vitesse pendant les derniers 12 milles pour atteindre une vitesse moyenne de 40 milles à l'heure pour la distance totale?

Réponse à la page 74.

SAVON DÉFECTUEUX

Dans la fabrication du savon en pain, la machine à couper produit une bonne quantité de savons défectueux. En fait, les savons défectueux provenant de onze savons peuvent être coupés pour donner un savon supplémentaire. Combien de savons en pain peuvent être produits après avoir coupé 250 savons en pain?

Réponse à la page 75.

COLLISION FRONTALE

Deux camions sur un tronçon de route de 75 milles se dirigent l'un vers l'autre. Le camion A roule à 55 milles à l'heure tandis que le camion B roule à 80 milles à l'heure.

Quelle est la distance entre les deux camions une minute avant leur collision frontale ?

Réponse à la page 73.

LE JARDINIER INGÉNIEUX

On demande à un jardinier de mesurer une étendue de pelouse de huit verges. Il ne dispose que d'une corde. Il sait également qu'une remise en bois sur la propriété mesure cinq par sept verges.

Sera-t-il capable d'accomplir la tâche ?

Réponse à la page 74.

–5–

MATIÈRE À RÉFLEXION

BEIGNETS POUR TOUS

Grand-mère Hooper fait toujours des beignets à ses petits-enfants pour le souper du dimanche. En général, elle en fait suffisamment pour que chacun des enfants en ait trois. Toutefois, aujourd'hui, lorsqu'elle a placé les beignets sur l'assiette de service, elle s'est rendu compte qu'elle en avait fait deux de trop. Son fils, Charley Hooper, en était ravi. Lui et sa femme pourraient également avoir un beignet, et si grand-mère en voulait un, elle aussi, tout le monde pourrait avoir deux beignets. « Les enfants ne verront pas d'objection à n'avoir que deux beignets pour une fois », affirme Charlie.

Combien y avait-il de beignets sur l'assiette au moment de servir?

Combien y a-t-il d'enfants dans cette famille?

Réponses à la page 75.

MARATHON DES MANGEURS DE BEIGNETS

Toni aime beaucoup les beignets. Elle peut en manger 32 en une heure. Toutefois, Son frère Paul a besoin de trois heures pour avaler la même quantité.

Quel est le temps nécessaire pour que les deux mangent 32 beignets ? Quarante beignets ?

Réponses à la page 76.

CERISES COMPARÉES AUX FRAISES

Un baril de cornichons pèse 120 livres, tandis qu'une boîte de fraises pèse 36 livres. Si le sac de pommes de terre et la boîte de fraises ensemble pèsent autant que le baril de cornichons et la caisse de cerises, quel est le poids d'une caisse de cerises et d'un sac de pommes de terre ?

Il est important de savoir que deux caisses de cerises pèsent autant qu'une boîte de fraises.

Réponse à la page 80.

BONBONS MÉLANGÉS

Une boîte contient 71 bonbons mélangés à l'essence de citron, de framboise, d'orange et de raisin. Il y a deux fois plus de bonbons au citron que de bonbons à la framboise.. Il y a un bonbon à l'orange de moins que le nombre de bonbons à la framboise. Il y a six bonbons au raisin de moins que le nombre de bonbons au citron.

1. Combien de bonbons devez-vous retirer de la boîte pour avoir au moins deux bonbons d'un même parfum?

2. Combien de bonbons devez-vous retirer pour avoir au moins deux parfums différents?

Réponses à la page 77.

CHOCOLATS GOURMET

Une boîte de chocolats suisses comprend l'assortiment suivant :

neuf chocolats fourrés aux noisettes;
onze chocolats fourrés au nougat;
trois chocolats fourrés aux amandes.

Combien de chocolats devez-vous retirer de la boîte pour avoir :

1) trois chocolats de garnitures différentes?
2) trois chocolats fourrés au nougat?
3) trois chocolats fourrés aux amandes?

Réponses à la page 78.

BEC SUCRÉ

M. Gooch, à la consternation de Mme Gooch, aime apporter des sucreries à ses quatre garçons.

Aujourd'hui, il a apporté une petite boîte de leurs chocolats préférés. Son aîné, Ricky, a rapidement mangé la moitié des chocolats, plus la moitié de un. Le deuxième fils, Jérémie, a mangé la moitié de ce qui restait, plus la moitié de un chocolat. Le troisième fils, Grégoire, a mangé la moitié de ce qui restait, plus la moitié de un chocolat. Lincoln, le benjamin, a jeté un coup d'œil dans la boîte et a mangé les deux derniers chocolats.

Combien de chocolats y avait-il dans la boîte au départ?

Réponse à la page 79.

LA TANTE DE CHARLEY

Charley Hooper a invité sa tante Hannah. Elle devait arriver à 13 h. Charley avait déterminé précisément quand il devait quitter la maison pour arriver au quai au moment où son navire accosterait. Malheureusement, le navire est arrivé à l'avance.

Comme tante Hannah ne savait pas que Charley viendrait l'attendre sur le quai, elle n'a pas perdu de temps et a pris un taxi. Charley a rencontré le taxi une heure après qu'il ait quitté le port. Heureuse de voir son neveu, tante Hannah est montée dans sa voiture pour terminer le trajet jusqu'à la maison. Arrivés à la maison des Hooper, ils ont dû attendre un peu pour déguster la délicieuse tasse de café que la mère de Charley prépare toujours pour sa sœur et que tante Hannah aime tant. Après tout, elle est arrivée 40 minutes plus tôt que prévu.

À quelle heure le navire a-t-il accosté?

Réponse à la page 80.

LE DOLLAR MANQUANT

Trois briquetiers sont prêts à prendre leur pause pour le dîner. Ils envoient Marie, leur apprentie, à la charcuterie pour acheter des viandes froides pour leurs sandwichs. Chacun lui donne 5 $.

Le préposé au comptoir lui demande d'abord 15 $ pour la viande, puis, alors que Marie est toujours dans la charcuterie, il se rend compte qu'il lui a demandé trop d'argent et lui remet 5 $.

Comme Marie n'a pas assez de monnaie, elle remet 1 $ à chacun des trois briquetiers et garde le billet de 5 $.

Il semble que les briquetiers ont payé chacun 4 $ pour les viandes froides, mais
4 x 3 = 12 et 12 $ + 2 $ = 14 $.

Qui a le dollar manquant?

Réponse à la page 81.

–6–

PROBLÈMES, PROBLÈMES !

DIVISION DÉGUISÉE

En raison d'une erreur dans le manuscrit d'un manuel de mathématiques, certains chiffres sont devenus illisibles. L'imprimeur est pressé et n'a pas le temps de vérifier avec l'auteur ou l'éditeur.

Est-ce que Pedro, l'assistant de l'imprimeur, un prodige en mathématiques, sera capable de remplir les espaces à partir de l'information dont il dispose ?

1.

```
          1 * *
      ┌────────
  * * │ 4 * * *
        2 8
        ───
        * 5 6
        * * *
        ─────
          * * *
          * * *
          ─────
              0
```

2.

```
            * * *
      ┌──────────
  * * │ * * * *
        8 6
        ───
        * * *
          8 6
        ─────
          * * *
          3 8 7
          ─────
              0
```

Réponse à la page 81.

FÉVRIER, UN MOIS ÉTRANGE

En 1984, le premier février était un mercredi, tout comme le 29 février.

Quelle est la prochaine année où le 1er et le 29 février seront un mercredi ?

Réponse à la page 89.

LE CARRÉ MAGIQUE

À droite se trouve un carré magique qui contient une combinaison astucieuse et surprenante de chiffres. Remplissez les carrés vides et découvrez son secret.

	4	8	
2			14
1		6	
12	7	11	0

Réponse aux pages 82 et 83.

DOUBLE CARRÉ MAGIQUE

Créez un carré magique où le total de l'addition des rangées, des colonnes et des longues diagonales est égal à 60. Vous devez trouver un nombre de un ou de deux chiffres pour chacun des 25 carrés numérotés. À droite, vous trouverez des indices utiles pour certains des carrés. Remplissez le carré magique en vous servant de la logique.

1	2	3	4	5
6	7	8	9	10
11	12	13	14	15
16	17	18	19	20
21	22	23	24	25

Indices :

1. La limite entre un nombre négatif et positif.

3. Deux semaines.

4. Un facteur de trois.

5. Demain est la veille de Noël.

6. Le célèbre *opus 25* de Beethoven.

7. Blackjack.

10. Œufs.

13. Merveilles du monde.

15. Solo.

17. Cavalier de l'Apocalypse.

21. Équipe de football.

22. Octaèdre.

24. Une paire.

25. Toujours dans les « dix ».

Réponse à la page 83.

HABILE DIVISION

Dans le problème de division présenté ici, seul le chiffre au milieu du quotient est connu. Tous les autres chiffres ont été remplacés par des astérisques. En vous servant de la logique, pouvez-vous reconstruire le problème de division original ?

```
                 * * 8 * *
          ---------------------
  * * *  | * * * * * * * *
             * * *
           -------
               * * * *
                 * * *
               -------
                   * * * *
                   * * * *
                   -------
                         0
```

Réponse aux pages 84 et 85.

EN RÉSUMÉ

Quels chiffres doivent être substitués aux symboles pour résoudre les équations ci-dessous? Cherchez des nombres entiers positifs. Il y a deux solutions possibles à chaque problème.

1.

❍	+	▼	=	✱
+		+		+
❍	+	❍	=	▲
▲	+	✱	=	9

2.

❍	+	▲	=	✱
+		+		+
▲	+	❑	=	❍
✱	=	❍	=	13

Réponses aux pages 86 et 87.

ADDITION MULTIPLE

Substituez des chiffres aux lettres pour créer un problème d'addition exact :

Un problème plus compliqué : changez les chiffres pour les lettres a, b, c et d.

Remarque : Ces deux problèmes ont plus d'une solution.

1.

$$\begin{array}{r} a \\ +\ bbb \\ +\ bbb \\ +\ bbb \\ +\ bbb \\ \hline abbb \end{array}$$

2.

$$\begin{array}{r} abbbc \\ +\ dddd \\ +\ dddd \\ +\ dddd \\ +\ dddd \\ \hline ddddd \end{array}$$

Réponses à la page 88.

UN PROBLÈME DE DIVISION

Trouvez le chiffre qui remplacera les lettres a et b de façon que le nombre de 5 chiffres soit divisible par 36 :

Remarque : Il y a deux solutions possibles.

Réponses à la page 92.

SEPT FOIS TROIS = 100

1. Comment pouvez-vous écrire trois 3 de façon que le résultat final soit un 4?

2. Utilisez le chiffre 3 en trois combinaisons différentes – sept, huit et neuf fois respectivement – de façon que le résultat soit 100 chaque fois.

Vous pouvez regrouper les chiffres de n'importe quelle façon.

Réponse à la page 89.

LE CHIFFRE MANQUANT

Quel est le chiffre manquant dans chaque ligne ci-dessous?

1. 3 4 6 9 13 ?
2. 1 2 ? 15 52,5 210 945
3. ? 8 5 9 4 10 3 11

Réponse à la page 90.

PLAISIR DE LA VARIATION

Trouvez trois différents moyens d'utiliser dix chiffres (0 à 9) qui, lorsque vous les additionnez, donnent la somme de 100 chaque fois. Utilisez chaque chiffre une fois seulement. Vous pouvez regrouper les chiffres de n'importe quelle façon.

Réponse à la page 91.

LIRE LE JOURNAL

Presque tout le monde à la Bright Corporation lit régulièrement un quotidien. En fait, dans l'ensemble, l'entreprise emploie 2 940 personnes, dont 70 % lit *The Daily News*, 45 %, *The Courier* et 60 %, *The Inquirer.*

Le quart des employés lit *The Daily News* et *The Courier*, 30 %, *The Inquirer* et *The Courier,* et 35 %, *The Daily News* et *The Inquirer.* Un dixième des personnes de l'entreprise lit régulièrement les trois journaux.

Combien de personnes lisent seulement *The Daily News*?

Combien de personnes lisent seulement *The Courier*?

Combien lisent seulement *The Inquirer*?

Enfin, combien de personnes ne lisent aucun journal?

Réponses à la page 91.

PLUS OU MOINS ?

Où devez-vous insérer les symboles + ou – de façon que chacune des équations ci-dessous soit exacte ?

1. $2\ 9\ 3\ 5\ 7\ 1 = 9$
2. $4\ 4\ 5\ 7\ 2\ 8 = 8$
3. $3\ 6\ 5\ 2\ 4\ 4 = 0$
4. $8\ 4\ 3\ 5\ 2\ 1 = 7$

Réponse à la page 92.

NOMBRES À TROIS CHIFFRES

Combien de nombres à trois chiffres peuvent être placés dans l'équation a + b = c, où la somme des deux premiers chiffres est égale au dernier chiffre. Par exemple, 145 fonctionne parce que 1 + 4 = 5.

Réponse à la page 93.

–7–

TROUVER LA SOLUTION

LE PROF DE MATH

Les étudiants d'un professeur de mathématiques, qui joue beaucoup avec les chiffres, lui demandent son âge. Il accepte de le leur dire, mais ils doivent relever un défi. Il propose la pirouette mathématique suivante :

« Mon fils a 24 ans de moins que moi. Il a 25 ans de plus que mon petit-fils. Mon petit-fils et moi avons 73 ans en tout. »

Quel âge a le professeur?

Réponse à la page 94.

ATTRIBUTION DES PLACES

Le nombre de fidèles dans la petite église du village n'a jamais changé. À la messe du dimanche, ils occupent toujours les mêmes places, à droite ou à gauche de l'autel.

M. Hooper s'assoit toujours à gauche, mais un dimanche matin, il s'est assis à droite, au grand étonnement de l'assemblée. Avec ce changement, un nombre égal de personnes sont assises de chaque côté de l'autel, pour la première fois.
Finalement, M. Hooper est retourné à son ancienne place, mais Mme Gooch, qui s'était toujours assise du côté droit, s'est assise à gauche. Avec ce déplacement, le prêtre comptait deux fois plus de personnes à gauche qu'à droite.

Combien de membres de l'assemblée s'assoyaient habituellement à droite ? À gauche ?

Réponses à la page 94.

JALOUSIE

Trois couples partent pour une promenade en campagne. Les hommes s'entendent bien, mais les femmes se jalousent entre elles, apparemment pas sans raison. Tout se passe bien, jusqu'à ce qu'ils arrivent à un lac qu'ils doivent traverser. La seule embarcation disponible peut transporter seulement deux personnes à la fois.

Comment chacune des femmes peut-elle s'assurer qu'aucun homme n'aura la chance de séduire l'une des autres femmes ? (Un homme ne séduira pas une autre femme si sa compagne est présente ou si le compagnon de l'autre femme est présent.)

Réponse à la page 95.

COURIR APRÈS LE TEMPS

À ce moment précis, les deux aiguilles d'une horloge sont exactement l'une sur l'autre. Combien de temps s'écoulera-t-il avant que ceci ne se reproduise ?

Réponse à la page 96.

RANDONNÉE À VÉLO

Quatre amis partent pour une randonnée à vélo de plusieurs jours. Après quelques milles la première journée, il est devenu évident qu'Éric avait un handicap : son vélo n'avait pas de transmission.

Après une courte discussion, ils ont décidé de partager le handicap d'Éric en montant son vélo à tour de rôle et en le remettant à la prochaine personne à la fin de la journée. Par souci d'équité, chaque personne devait remettre le vélo à chaque autre personne du groupe. Autrement dit, chaque personne recevrait le vélo plus lent une fois des trois autres.

Chita a monté le vélo le deuxième jour; Bert, le troisième jour, et Andy, le quatrième jour. Combien de jours ont été nécessaires pour réaliser le plan tel que décrit?

Qui a monté le vélo le dernier jour?

Réponses aux pages 96 et 97.

L'ART DU CALCUL MENTAL

Sans vous servir d'un ordinateur, d'une calculatrice ou d'un abaque, à quelle vitesse pouvez-vous additionner les deux groupes de chiffres suivants ?

Il pourrait être utile d'utiliser un chronomètre pour mesurer votre vitesse.

1. 1 + 2+ 3 + 4 + 5 jusqu'à 100 =?
2. 2 − 4 + 6 − 8 + 10 − 12 + 14 jusqu'à 210 =?

Réponses à la page 97.

RÉPONSES

100 CIGOGNES

Le problème le plus difficile serait de trouver 100 cigognes. Néanmoins, si vous y parvenez, 100 cigognes auraient besoin de cinq minutes pour attraper 100 grenouilles. Même chose pour une cigogne. Elle a besoin de cinq minutes pour attraper une grenouille.

COMPAGNONS DE CLASSE

Si Tim mesure 6 pi 6 po, Lisa doit mesurer 5 pi 4 po. À 6 pi, Bob a 6 po de moins que Tim et 8 po de plus que Lisa.

ARGENT DE POCHE

Si Marc reçoit deux fois plus d'argent que Tom, et que Suzie en reçoit trois fois plus que ce dernier, la somme totale de 144 $ doit être divisée en six : 144 ÷ 6 = 24. Par conséquent, Tom reçoit 24 $. Marc reçoit 48 $, et Suzie reçoit 72 $.

DUO

1. Un tas de compost.
2. Si la mère et le père sont vivants, la famille compte 10 personnes.

UN PARTAGE ÉQUITABLE

Laissez l'un des enfants couper le biscuit et assurez-vous qu'il sait que l'autre enfant choisira le premier. Ainsi, vous saurez que la coupe est égale. Dans le cas contraire, l'enfant qui coupe obtiendrait le plus petit morceau.

UN NOMBRE S'IL VOUS PLAÎT

Un nombre conforme à ces exigences doit comprendre :

1) un 1 à la place des 10 000;
2) un 1 à la place des 1 000;
3) un 2 à la place des 10;
4) un 0 à la place des 100;
5) un 0 à la place des unités.

Le nombre est 11 020.

VRAIES JUMELLES

L'une des solutions est de poser une question à laquelle on peut répondre immédiatement. Par exemple : Est-ce qu'il fait soleil? Dans l'affirmative, Andréa répondrait « non » et Bonnie répondrait « oui ».

Une autre façon de savoir qui est qui serait de poser à l'une d'elles la question :

Qu'est-ce que tu me répondrais si je te demandais : « Est-ce que tu dis toujours la vérité? » La menteuse ment; donc, si vous lui demandez si elle dit toujours la vérité, elle vous répondra « oui ». Comme vous lui avez demandé ce qu'elle répondrait si vous lui posiez la question, elle devait mentir et vous répondre « non ».

SALADE AUX ŒUFS

Malheureusement, vous ne pouvez hâter la ponte des œufs en augmentant le nombre de poules. Bien sûr, 30 poules auront, elles aussi, besoin de 18 jours pour pondre leurs œufs.

CIDRE DE POMME

Remplissez d'abord la cruche de 3 litres et versez le contenu dans la cruche de 5 litres. Remplissez de nouveau la cruche de 3 litres et ajoutez le contenu dans la même cruche de 5 litres, en la remplissant complètement. Il reste maintenant un litre de cidre dans la cruche de 3 litres.

NÉNUPHARS

1. Après 29 jours, car juin compte 30 jours.
2. 29 jours, car l'aire couverte aura doublé le 30ᵉ jour.

FRÈRES

Si Richard a 33 ans aujourd'hui et qu'il est 3 fois plus âgé que Philippe ne l'était, Philippe devait avoir 11 ans. Ainsi, lorsque Philippe avait 11 ans, Richard avait l'âge qu'a Philippe aujourd'hui. Par conséquent, le nombre d'années qui se sont écoulées à partir du moment où Philippe avait 11 ans jusqu'à aujourd'hui doit être égal au nombre d'années qui se sont écoulées entre l'âge qu'avait Richard à ce moment et son âge aujourd'hui. Nous devons donc trouver le point milieu entre les âges 33 et 11. Cela nous donnera l'âge de Philippe aujourd'hui : 22 ans.

M. HOOPER FAIT LA SIESTE

Imaginez le trajet de l'autobus sur une ligne (il est plus facile de calculer le temps de sommeil total) :

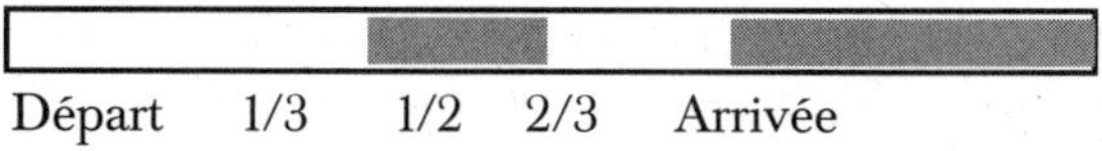

Lorsque M. Hooper s'est endormi la première fois, l'autobus devait parcourir le double du trajet déjà parcouru, ce qui délimite le tiers du trajet.

Comme il s'est réveillé à la moitié du trajet, nous voyons qu'il a dormi du point 1/3 au point 1/2 (1/6 de la distance totale). Il s'est endormi au moment où l'autobus devait parcourir la moitié de la distance totale déjà parcourue, ce qui signifie que l'autobus devait se trouver aux deux tiers du trajet, ce qui laisse à M. Hooper un tiers du trajet pour dormir.

En faisant l'addition, M. Hooper a dormi la moitié du trajet :

$1/6 + 1/3 = 1/2$

RÉSIDENCE D'ÉTÉ

Les McCoy paieront 88 000 $, soit le tiers du prix total.

Le solde de 176 000 $ est divisé comme suit : comme la famille Gooch paie trois fois le montant que paie le célibataire et deux fois le montant que paie le couple, le couple paie 1,5 fois ce que paie le célibataire.

Par conséquent, la famille Gooch et le couple paient 4,5 fois plus que le célibataire. Autrement dit, les trois parties qui se partagent le solde de 176 000 $ paient exactement 5,5 fois autant que le célibataire :

x = part du célibataire
3x = part des Gooch
1,5x = part du couple
5,5x = 176 000 $

Ainsi, le célibataire paie 32 000 $; le couple paie 48 000 $ et les Gooch paient 96 000 $.

Leur avoir propre dans la résidence :

Gooch : 12/33
McCoy : 11/33 (1/3)
Couple : 6/33
Célibataire : 4/33

AU REVOIR M. FISK !

La part de Mme Fisk plus la part double du garçon et la demi-part de la fille donnent 3,50 :

$$
\begin{aligned}
x &= \text{M}^{me}\text{ Fisk} \\
2x &= \text{garçon} \\
\underline{0{,}5x} &= \text{fille} \\
3{,}5x &= 14\ 000\ \$
\end{aligned}
$$

Par conséquent, la part de Mme Fisk est de 4 000 $. Son fils obtient 2x ou 8 000 $ et sa fille, 2 000 $.

TROIS GÉNÉRATIONS

Grand-père Hooper avait 24 ans lorsque Charley Hooper est né, et Tim est né 35 ans après.

Ainsi, si l'âge de Tim est x, alors l'âge de Charley est x + 35, et l'âge du grand-père, x + 35 + 24. Comme la somme de ces trois âges est 100, 3x + 94 = 100 ou 3x = 6.

Par conséquent, Tim a 2 ans, Charley a 37 ans et grand-père a 61 ans.

LE PETIT FREDDIE

À l'heure actuelle, Freddie a 9 ans, ce qui veut dire qu'il aura 20 ans dans 11 ans. Si cet âge est la moitié de l'âge moyen de ses parents, à 20 ans il aura atteint un quart de la somme des âges de son père et de sa mère.

Par conséquent, la somme des âges de ses parents doit être 80 ans. Comme sa mère avait seulement 17 ans à la naissance de Freddie, elle aura 37 ans lorsqu'il aura 20 ans. Son père doit donc avoir 43 ans. Aujourd'hui, sa mère a 26 ans, et son père, 32 ans.

LE GROS ALBERT

Albert pèse 200 livres; Gigi, 104; Nita, 98; Mona ne pèse pas plus de 92 livres. L'une des façons de traverser le lac est montrée ci-dessous. Pouvez-vous traverser le lac en moins d'étapes?

	Côté gauche		**Côté droit**
1.	A/N	G/M	
2.	A/N	M	G
3.	A	NM	G
4.	A	G	N/M
5.	G	A	N/M
6.	G	M	N/A
7.		M/G	N/A

LES PAIRES DE PAT

1. Pour trouver une paire correspondante, vous devez prendre au moins trois vêtements de l'armoire.
2. Pour 3 paires correspondantes, vous devez prendre 11 vêtements de l'armoire.
3. Dans le pire des cas, tous les vêtements de l'armoire sauf un doivent être sortis pour obtenir quatre paires de bas.

LES BONDS DU CAVALIER

Ce n'est pas possible. À chaque déplacement, le cavalier passe d'une case noire à une case blanche, ou vice versa.

Ainsi, comme sa première case est noire, toutes les cases impaires sur lesquelles il se pose seront également des cases noires, et toutes les cases paires seront blanches. Si la case du coin supérieur droit (une case noire) est la dernière case sur laquelle se pose le cavalier, elle portera le numéro 64. Cependant, si c'est impossible qu'une case paire soit de cette couleur, la tâche est impossible.

JEU DE SOUS-VERRES RONDS

Les dimensions de la table et des sous-verres ne sont pas importantes. C'est la stratégie qui compte. Voici le plan de Jason : si c'est Jean qui commence la partie, Jason placera son sous-verre de façon à le placer exactement à l'opposé de Jean. Il trace une ligne imaginaire en partant du centre du sous-verre de Jean et passe par le centre de la table jusqu'au centre de son propre sous-verre. Avec cette stratégie, Jason placera le dernier sous-verre sur la table en fin de compte.

Par contre, si c'est Jason qui commence, Jean aura d'abord l'avantage, mais seulement jusqu'à ce que Jason puisse placer son sous-verre à l'opposé de celui de Jean. Il peut y arriver seulement en plaçant son sous-verre directement au centre de la table. C'est le seul point sur la table qui n'a pas d'équivalent.

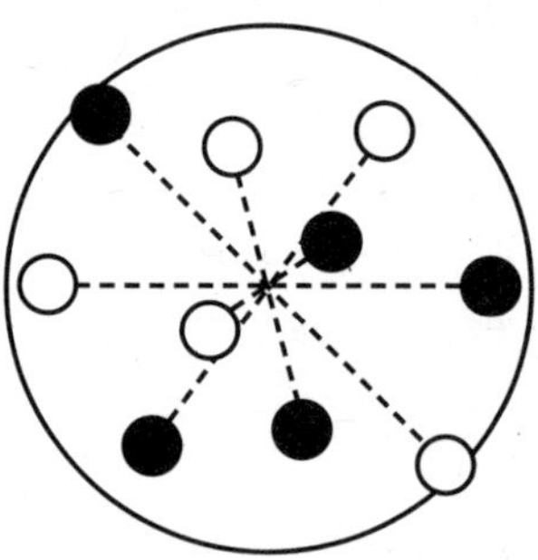

UN VOL SANS ESCALE

Les deux amies se rencontreront dans trois heures, car elles pédalent à la même vitesse (6 milles à l'heure). Par conséquent, le pigeon, qui voyage à 18 milles à l'heure, parcourra une distance de 54 milles pendant le même temps.

GAINS RÉALISÉS AU CASINO

L'étranger a offert de leur prêter un de ses jetons. Ils sont maintenant capables de partager 18 jetons équitablement. Antoine en a reçu la moitié, soit 9 jetons.

William en a reçu un tiers, soit 6 jetons, et Jacques, à 1/9, s'est contenté de deux jetons. Cela fait 17 jetons en tout. Ils sont maintenant capables de remettre le jeton qu'ils ont emprunté au sympathique étranger.
Comment est-ce possible ?
Uniquement en raison de la façon dont ils ont mis leurs économies en commun. Si vous additionnez 1/2 + 1/2 + 1/9, vous obtenez 17/18, *presque* un nombre entier, mais pas tout à fait. C'est pourquoi il faut faire cette étrange division.

JEU DE BÂTONNETS

Le joueur qui veut gagner doit s'assurer que son adversaire n'a que sept bâtonnets devant lui à son dernier tour. Peu importe le nombre de bâtonnets que l'adversaire choisit, il n'a pas d'autre choix que d'en laisser 1 à 6, que le joueur peut enlever à son tour.

Cela signifie que la meilleure stratégie consiste à laisser à votre adversaire, à chaque tour, un nombre de bâtonnets divisible par sept; peu importe le nombre de bâtonnets qu'il prend, vous soustrayez ce nombre de sept et vous prenez ce nombre de bâtonnets à votre tour.

Si vous jouez le premier, vous pouvez commencer par prendre deux bâtonnets, ce qui réduit le nombre total de bâtonnets à 98, un nombre divisible par 7.

Si vous jouez en deuxième, vous n'avez qu'à espérer que votre adversaire ne connaît pas cette stratégie et, à la première occasion, vous lui laissez un nombre de bâtonnets divisible par sept.

MASSE CORPORELLE

Si Ted pèse 154 livres plus la moitié de son poids, 154 livres représentent l'autre moitié. Par conséquent, Ted pèse 308 livres.

FACE AU DÉ

Abe voit le chiffre 1 une fois et le chiffre 2 (le seul chiffre pair sur le dé) deux fois. Comme Babe voit aussi le chiffre 2 deux fois, Babe doit être assis à côté d'Abe, et le chiffre 2 doit être au sommet du dé. La personne assise de l'autre côté voit trois chiffres différents. Supposons que cette personne est Dave. Il voit les « 1 » et « 2 » d'Abe et un « 3 » sur l'autre face du dé. Cabe voit les « 2 » et « 3 » de Dave et un « 1 » sur l'autre face du dé, ce qui signifie que Babe voit « 1 » une fois et « 2 » deux fois. Par conséquent, le chiffre caché est un 3. Voici un plan en plongée :

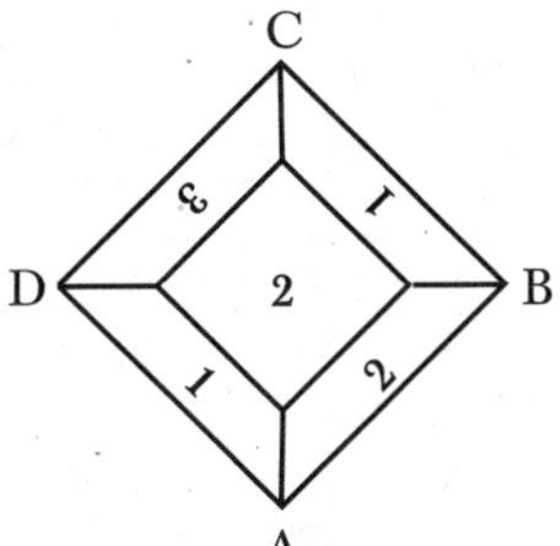

NOMBRES DE FIBONACCI

Une série de Fibonacci désigne toute série de chiffres créée en additionnant les deux chiffres précédents dans la série. En commençant avec le 6 et le 13 de Mme Bussy, vous avez la série suivante :

1.	6
2.	13
3.	19
4.	32
5.	51
6.	83
7.	134
8.	217
9.	351
10.	568
	1 474

Fait surprenant, la somme de ces nombres est égale à 11 fois le nombre qui est à la septième place : 11 x 134 = 1 474.

Ce n'est pas une coïncidence. La série de Fibonacci fonctionne toujours, peu importe les chiffres choisis en premier dans ce petit jeu.

En voici la preuve mathématique. Supposons que les deux premiers nombres sont a et b. La série de Fibonacci ressemblerait à ceci :
$a + b + (a + b) + (a + 2b) + (2a + 3b) + (3a + 5b) + (5a + 8b) + (8a + 13b) + (13a + 21b) + (21a + 34b)$.

Lorsque vous additionnez les unités semblables de cette équation, vous arrivez à la somme $55a + 88b$ ou 11 fois le nombre à la septième place.

VACANCES TRANQUILLES

Si x est le nombre de milles parcourus le premier jour, alors x augmente de 20 chaque jour qui suit. Ainsi, le millage total parcouru en 9 jours est :
$x + (x + 20) + (x + 40) + (x + 60) + (x + 80) + (x + 100) + (x + 120) + (x + 140) + (x + 160) = 9x + 720$.

Comme nous savons que le nombre de milles parcourus est 1 080, nous pouvons soustraire 720 de 1 080 pour obtenir 360 qui, divisé par 9, nous donne 40, la distance parcourue le premier jour. Par conséquent, la famille a parcouru 100 milles le quatrième jour et 200 milles le dernier jour.

TOURNOI

Si le champion doit être choisi entre 100 joueurs, vous aurez bien sûr 99 perdants. Chaque perdant est éliminé après un match. Par conséquent, vous avez besoin de 99 matchs pour trouver le champion.

UNE COURSE INÉGALE

Si Oscar a besoin de x minutes pour la première moitié de la distance, Neal a besoin de 1/4 x minutes pour la deuxième moitié. Par conséquent, Patrick a besoin de 1/2 x minutes pour la moitié de la distance et de x minutes pour la distance totale.

Par conséquent, Oscar parcourra 25 milles pendant que Patrick en parcourra 50.

Donc, en principe, même si Neal pouvait atteindre la ligne d'arrivée au moment de commencer sa partie de la course, lui et Oscar perdraient tout de même (peu importe celui d'entre eux qui commencerait).

UNE PARTIE DE CARTES

Le nombre possible de dispositions de sièges pour cinq personnes et six chaises est 6 x 5 x 4 x 3 x 2.

La première personne peut choisir entre les six chaises, la prochaine a le choix entre cinq chaises seulement, et ainsi de suite, et la dernière personne peut choisir entre deux chaises. Par conséquent, il y a 720 possibilités différentes. Au fait, le nombre de possibilités n'augmente pas pour six personnes, car dans ce cas, il n'y a qu'une chaise de libre pour la sixième personne.

Comme les cinq amis ont épuisé les 720 dispositions de sièges possibles, ils jouent ensemble depuis au moins 720 semaines, soit 13,8 années.

TRAVAIL AU NOIR

Si les gains combinés de Pierre et de Steve pour les jours où ils ont travaillé ensemble sont de 270 $, Pierre doit avoir travaillé plus de huit jours (2 190 ÷ 270 = 8,11 jours), tandis que Steve a travaillé moins de huit jours (et n'a pas travaillé les jours où Pierre n'a pas travaillé). Soustraire 270 (pour les jours où les deux hommes ont travaillé) de 2 190 jusqu'à ce que nous atteignions des nombres divisibles par 150 (pour les jours où seul Pierre travaillait) nous donne deux possibilités : 9 jours pour Pierre et 7 pour Steve ou 13 pour Pierre et 2 pour Steve. Comme nous savons que Steve a travaillé au moins la moitié du nombre de jours de travail de Pierre, la deuxième possibilité ne peut être vraie. Par conséquent, Pierre a gagné 1 350 $ et Steve, 840 $.

LA PORSCHE ET LA VOLKSWAGEN

Pour parcourir la distance de 390 milles, la Porsche prendrait 4 heures et 20 minutes. La Volkswagen prendrait 7 heures et 48 minutes pour parcourir la même distance. La Porsche serait à Southport à 12 h 20. La Volkswagen serait à Northville à 16 h 48. La Volkswagen et la Porsche seraient à égale distance de Northville lorsqu'elles se croisent sur la route.

COLLISION FRONTALE

Lorsque des objets se dirigent l'un vers l'autre, vous devez établir leur vitesse de déplacement collective. Dans le cas présent, vous devez additionner les deux vitesses : 55 + 80 = 135, puis diviser par 60 minutes, ce qui donne 2,25 milles par minute.

Bien sûr, c'est la distance (2,25 milles) entre les deux camions une minute avant leur collision.

FRUSTRATION

Il ne pourrait atteindre cette vitesse moyenne même s'il voyageait en fusée. Il a pris 37 minutes pour franchir les premiers 12 milles. S'il parcourait la distance totale de 25 milles à une vitesse moyenne de 40 milles à l'heure, il parviendrait à sa destination en 37 minutes, le même temps qu'il a mis à parcourir la première moitié du trajet en raison des travaux de construction routière.

LE JARDINIER INGÉNIEUX

Oui, il y a plusieurs façons de le faire. En utilisant la corde pour mesurer des distances de 5 verges et de 7 verges, il peut également mesurer 2 verges (7 moins 5 verges) et 3 verges (5 moins 2 verges). Il peut alors mesurer 8 verges en utilisant la mesure de 5 verges et la mesure de 3 verges.

Il pourrait aussi mesurer 15 verges en mesurant 5 verges trois fois, puis en soustrayant 7 verges.

SAVON DÉFECTUEUX

Divisez 250 par 11 ($250 \div 11 = 22{,}8$) et vous avez 22 savons en pain supplémentaires. Combinez les 8 qui restent avec les savons défectueux des 22 savons. Vous aurez 30 savons défectueux. Ils vous donneront deux autres savons en pain.

Tout ce qui reste par la suite n'est pas suffisant pour faire un savon entier. Ainsi, les savons défectueux provenant des 250 savons fournissent 24 savons en pain supplémentaires.

BEIGNETS POUR TOUS

Nous savons que tout le monde a mangé deux beignets, ce qui fait six beignets pour les parents et la grand-mère. Deux des six étaient les deux beignets « de trop ». Les quatre autres beignets doivent provenir des beignets destinés aux enfants, ce qui réduit le nombre de beignets de trois à deux pour chacun. Il doit donc y avoir quatre enfants dans la famille. Nombre total de beignets : $14 = (4 \times 3) + 2$.

MARATHON DES MANGEURS DE BEIGNETS

Si Toni mange trois fois plus vite que Paul, elle doit être capable de manger trois fois plus de beignets que son frère pendant le même temps. Ainsi, elle mange 24 beignets pendant qu'il en mange seulement 8 ($32 \div 4 = 8$).

Cela dit, on nous demande combien de temps prendront Paul et Toni pour manger les beignets. Manger les 24 et les 8 beignets respectivement leur demandera 45 minutes.

S'ils doivent manger 40 beignets à la même vitesse, nous savons que Toni en mangera 30 pendant que Paul en mangera 10.

Toni peut manger 30 beignets en 60 x 30/32 minutes, donc tous les deux prendront 56 minutes et 15 secondes pour dévorer ces 40 beignets.

BONBONS MÉLANGÉS

Si x = les bonbons à la framboise, vous aurez 2x bonbons au citron, x-1 bonbons à l'orange et 2x - 6 bonbons au raisin dans la boîte, ou : $x + 2x + (x - 1) + (2x - 6) = 6x - 7$, une équation qui représente tous les bonbons dans la boîte. Nous savons qu'il y a 71 bonbons dans la boîte : $6x - 7 = 71$.

À partir de cette équation, nous voyons que x = 13 et que la boîte contient 13 bonbons à la framboise, 26 au citron, 12 à l'orange et 20 au raisin.

1. Si vous voulez prendre au moins deux bonbons de même parfum, vous devez retirer au moins cinq bonbons de la boîte.

2. Si vous voulez avoir au moins deux parfums différents, vous devez retirer au moins 27 bonbons.

CHOCOLATS GOURMET

1. Dans le pire des cas, au premier essai, vous prendriez les 9 chocolats aux noisettes et les 11 chocolats au nougat, ce qui fait 20 chocolats avec 2 garnitures différentes, et le 21e chocolat vous donnerait le troisième parfum.

2. Quinze chocolats, car il y a une chance que ,dans les 12 premiers chocolats, il n'y ait pas de chocolat au nougat.

3. Vous devez prendre les 23 chocolats de la boîte, car elle n'en contient que 3 aux amandes et vous ne pourriez pas être certain de les avoir sans avoir pris tous les chocolats.

BEC SUCRÉ
Il est préférable de procéder à l'inverse jusqu'à l'aîné des Gooch.

Si Lincoln a pris deux chocolats et que cela représente la moitié de ce que lui a laissé Grégoire (moins la moitié de un chocolat), il devait y avoir cinq chocolats au tour de Grégoire : (2 + 1/2) x 2 – 5.

Si Jérémie laisse 5 chocolats, alors il devait avoir le choix entre 11 chocolats :
(5 + 1/2) x 2 = 11. Pour que Ricky en laisse 11, il devait avoir le choix entre 23 chocolats au départ : (11 + 1/2) x 2 = 23.

Par conséquent, le nombre total de chocolats dans la boîte était 23. Le partage a été inéquitable : 12, 6, 3 et 2.

CERISES COMPARÉES AUX FRAISES

Bien sûr, le poids de une caisse de cerises est 18 livres. Par conséquent, le poids de un sac de pommes de terre et de deux caisses de cerises est égal au poids de un baril de cornichons et de une caisse de cerises. Il s'ensuit qu'un sac de pommes de terre et une caisse de cerises doivent avoir le même poids que un baril de cornichons. Ainsi, un sac de pommes de terre pèse 120 moins 18 livres ou 102 livres.

LA TANTE DE CHARLEY

Si Charley et sa tante sont arrivés à la maison 40 minutes plus tôt que prévu, nous pouvons supposer que Charley aurait eu besoin de 20 minutes de plus pour se rendre au quai à partir de l'endroit où il a croisé le taxi. D'un autre côté, le taxi roulait déjà depuis 60 minutes à ce moment. Par conséquent, le navire devait être arrivé au port 1 heure avant la rencontre sur la route.

En additionnant l'heure de trajet du taxi et les 20 minutes que Charley avait prévues pour rencontrer tante Hannah, nous pouvons supposer que le navire est arrivé 80 minutes (1 heure et 20 minutes) avant son heure d'arrivée prévue, soit à 11 h 40.

LE DOLLAR MANQUANT

La question est trompeuse ! Les trois briquetiers ont dépensé 12 $ ensemble, mais le pourboire « non autorisé » que Marie a pris fait partie de ces 12 $. Par conséquent, vous ne pouvez l'ajouter, vous devez le soustraire. Le montant réel dépensé par les briquetiers à la charcuterie est 10 $.

DIVISION DÉGUISÉE

Oui, il sera capable de le faire :

$$
\text{1.}\quad
\begin{array}{r|l}
 & \underline{\;156\;} \\
28 & 4368 \\
 & \underline{28} \\
 & 156 \\
 & \underline{140} \\
 & 168 \\
 & \underline{168} \\
 & \quad 0
\end{array}
\qquad
\text{2.}\quad
\begin{array}{r|l}
 & \underline{\;229\;} \\
43 & 9847 \\
 & \underline{86} \\
 & 124 \\
 & \underline{\;\,86} \\
 & 387 \\
 & \underline{387} \\
 & \quad 0
\end{array}
$$

LE CARRÉ MAGIQUE

Commencez par trouver la somme de la rangée inférieure, qui est 30. À partir de là, trouvez les rangées et les colonnes qui contiennent trois chiffres et soustrayez la somme de ces chiffres de 30 pour trouver le quatrième chiffre, en continuant jusqu'à ce que le carré soit rempli.

Le carré magique complet possède les caractéristiques suivantes.

Vous obtenez la somme de 30 lorsque vous additionnez les chiffres :

1) de chaque colonne;
2) de chaque rangée;
3) le long de chaque diagonale;
4) de chaque coin;
5) les quatre chiffres dans chaque quadrant;
6) les chiffres des deux quadrants du milieu des rangées supérieures et inférieures (4 + 8 +7 + 11 = 30) et les chiffres dans les colonnes de gauche et de droite (2 + 1 + 14 + 13);
7) les chiffres dans le coin des quatre carrés inférieurs avec trois rangées :

   15 + 8 + 1 + 6 = 30
   4 + 3 + 10 + 13 = 30
   2 + 5 + 12 + 11 = 30
   9 + 14 + 7 + 0 = 30;

8) les chiffres qui sont opposés les uns aux autres dans les diagonales :

2 + 4 + 11 + 13 = 30

1 + 7 + 8 + 14 = 30;

9) les chiffres du carré du centre :

15	4	8	3
2	9	5	14
1	10	6	13
12	7	11	0

DOUBLE CARRÉ MAGIQUE

0	17	14	6	23
9	21	3	15	12
18	10	7	24	1
22	4	16	13	5
11	8	20	2	19

HABILE DIVISION

Les deuxième et quatrième chiffres du quotient sont de toute évidence zéro. Quel est le dernier chiffre du quotient ? Comme le diviseur multiplié par 8 est un nombre à 3 chiffres, le dernier chiffre du quotient doit être 9 pour qu'on puisse obtenir un nombre à 4 chiffres.

De la même façon, le diviseur doit être plus petit que 125, car 125 x 8 = 1 000 – un nombre à 4 chiffres qui est trop gros, comme nous l'avons vu.

Nous savons également que le premier chiffre du quotient doit être supérieur à 7. Pourquoi ? Parce que même le plus grand diviseur possible (124) fois 7 ne donnera pas un nombre assez gros pour laisser un nombre de 2 chiffres après avoir été soustrait de 1 000, le plus petit nombre à 4 chiffres.

Par conséquent, le premier chiffre du quotient est également 8 (ce n'est pas 9, qui donnerait un nombre à 4 chiffres), et le quotient est 80 809.

Pour ce qui est du diviseur, il doit être supérieur à 124, car 80 809 x 123 = 9 939 507, qui est un nombre à 7 chiffres seulement, alors que le dividende est un nombre à 8 chiffres.
Le diviseur est donc 124, et le problème fonctionne :

```
        80809
124 |10020316
      992
      ----
       1 003
         992
        -----
          1116
          1116
          -----
              0
```

EN RÉSUMÉ

1. Le symbole ▲ est égal à ❍ fois 2, donc il représente 2, 4, 6 ou 8. Cependant, les chiffres 6 ou 8 ne fonctionnent pas, car ils produisent une valeur de 3 ou 1 pour ✱ qui, dans les deux cas, est plus petit ou égal à la valeur de ❍, ce qui ne fonctionne pas et ne laisse aucune valeur positive possible pour ▼.

Par conséquent, ▲ peut être 2 ou 4, et le problème fonctionne de la façon suivante :

$$\begin{array}{ccccc} 1 & + & 6 & = & 7 \\ + & & + & & + \\ 1 & + & 1 & = & 2 \\ \hline 2 & + & 7 & = & 9 \end{array}$$

et

$$\begin{array}{ccccc} 2 & + & 3 & = & 5 \\ + & & + & & + \\ 2 & + & 2 & = & 4 \\ \hline 4 & + & 5 & = & 9 \end{array}$$

2. Le symbole ❋ doit être un nombre supérieur à ❍, car ❍ plus ▲ est égal à ❋. Cela donne 3 combinaisons possibles pour ❋ et ❍ : 7 + 6, 8 + 5; 9 + 4, 10 + 3; 11 + 2 et 12 + 1.

Les valeurs de 4 et moins pour ❍ ne fonctionnent pas, car la différence entre ❍ et ❋ (la valeur de ▲) doit être inférieure à la valeur de ❍ (car un ▲ plus un ❑ est égal à un ❍). Ainsi, les deux solutions possibles sont les suivantes :

$$\begin{array}{ccccc} 6 & + & 1 & = & 7 \\ + & & + & & + \\ 1 & + & 5 & = & 6 \\ \hline 7 & + & 6 & = & 13 \end{array}$$

et

$$\begin{array}{ccccc} 5 & + & 3 & = & 8 \\ + & & + & & + \\ 3 & + & 2 & = & 5 \\ \hline 8 & + & 5 & = & 13 \end{array}$$

ADDITION MULTIPLE

1. Il y a trois réponses :

1	2	3
+ 333	+ 666	+ 999
+ 333	+ 666	+ 999
+ 333	+ 666	+ 999
+ 333	+ 666	+ 999
+ 1 333	+ 2 666	+ 3 999

2. Il y a deux réponses possibles :

13334	266668
+ 2222	+ 4444
+ 2222	+ 4444
+ 2222	+ 4444
+ 2222	+ 4444
+ 22 222	+ 44 444

FÉVRIER, UN MOIS ÉTRANGE

Le mois de février a 29 jours seulement aux années bissextiles, donc la prochaine fois que février aura cinq mercredis devra être une autre année bissextile.

Le jour de la semaine du 1er février passe habituellement au jour suivant d'une année à l'autre et au deuxième jour suivant après une année bissextile, pour un total de cinq jours chaque année bissextile. Il faudra sept années bissextiles avant d'avoir de nouveau cinq mercredis en février. La réponse est donc 2012.

SEPT FOIS TROIS = 100

1. $3 \div 3 + 3 = 4$
2. a. $33 \times 3 + 33 \div 33 = 100$
   b. $33 + 33 + 33 + 3 \div 3 = 100$
   c. $33 \times 3 + 333 \div 333 = 100$

LE CHIFFRE MANQUANT

1. $3 + 1 = 4$
   $4 + 2 = 6$
   $6 + 3 = 9$
   $9 + 4 = 13$
   $13 + 5 = 18$

2. $1 \times 2 = 2$
   $2 \times 2{,}5 = 5$
   $5 \times 3 = 15$
   $15 \times 3{,}5 = 52{,}5$
   $52{,}5 \times 4 = 210$
   $210 \times 4{,}5 = 945$

3. $6 + 2 = 8$
   $8 - 3 = 5$
   $5 + 4 = 9$
   $9 - 5 = 4$
   $4 + 6 = 10$
   $10 - 7 = 3$
   $3 + 8 = 11$

PLAISIR DE LA VARIATION

1. $0 + 1 + 2 + 3 + 4 + 5 + 6 + 7 + 8 \times 9 = 100$
2. $49 \frac{1}{2} + 50 \frac{38}{76} = 100$
3. $1 \frac{3}{6} + 8 \frac{27}{54} + 90 = 100.$

LIRE LE JOURNAL

La façon la plus facile de résoudre ce problème est d'utiliser des diagrammes de Venn (à droite) en désignant un cercle pour chacun des trois quotidiens. Changez le pourcentage donné en nombres entiers et placez ces nombres dans les sections appropriées, comme il est montré.
Par conséquent : 20 % (588 personnes) lisent seulement *The Daily News*; 5 % (147 personnes) lisent seulement *The Inquirer*, mais personne ne lisent exclusivement *The Courier*, et 5 % (147 personnes) ne lit aucun journal.

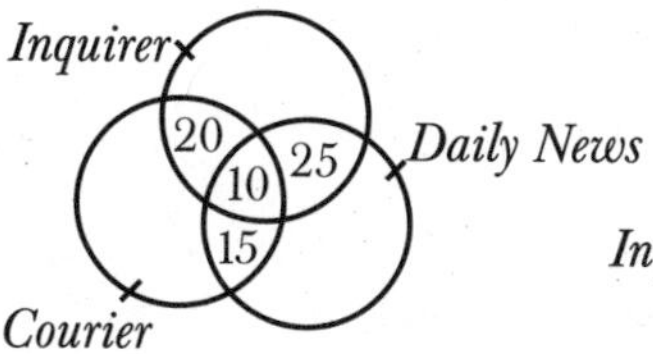

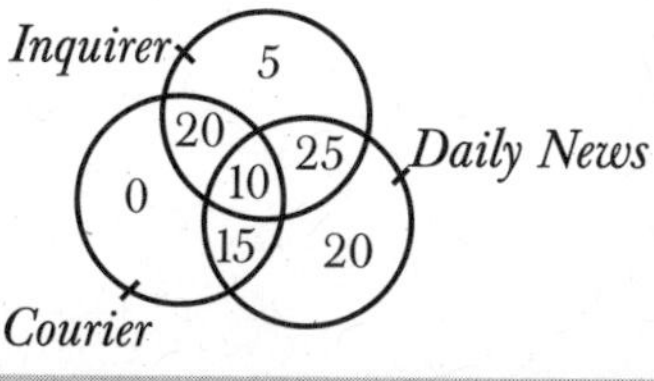

UN PROBLÈME DE DIVISION

Un nombre est divisible par 36 s'il peut être divisé par 9 et 4. Neuf et quatre ont les caractéristiques suivantes :

1. Un nombre est divisible par 4 si les 2 derniers chiffres (considérez-les comme un nouveau nombre) sont divisibles par 4.
2. Un nombre est divisible par 9 si la somme des chiffres est divisible par 9.

Par conséquent, la lettre b peut être remplacée par 2 ou 6, car 92 et 96 sont divisibles par 4.
Il y a deux solutions possibles :
1. 19 692 ou 2. 19 296.

PLUS OU MOINS ?

Voici un exemple de chacune des différentes solutions possibles :

a) 2 + 9 − 3 − 5 + 7 − 1 = 9
b) 4 − 4 + 5 − 7 + 2 + 8 = 8
c) 3 − 6 + 5 − 2 − 4 + 4 = 0
d) 8 + 4 − 3 − 5 + 2 + 1 = 7.

NOMBRES À TROIS CHIFFRES

Pour le dernier nombre, vous pouvez utiliser seulement les chiffres 1 à 9. Si vous utilisez 0, chaque chiffre devra être 0.

Si le dernier chiffre est un 1, le seul nombre possible est 101. La situation est différente avec les chiffres 2 à 9. Pour chaque valeur de « c » (a + b = c), additionnez le nombre de valeurs possibles pour a et b. Le choix de « a » détermine automatiquement « b ».

Lorsque c = 1, il peut y avoir une seule possibilité, comme nous l'avons vu. Si c = 2, il y a deux possibilités. Si c = 3, il y a trois possibilités, et ainsi de suite. Par conséquent, le chiffre 5 peut avoir 5 combinaisons :

$$1 + 4 = 5$$
$$2 + 3 = 5$$
$$3 + 2 = 5$$
$$4 + 1 = 5$$
$$5 + 0 = 5$$

Globalement, nous avons 45 combinaisons différentes de nombres de 3 chiffres qui sont conformes aux exigences décrites dans le problème :

$$1 + 2 + 3 + 4 + 5 + 6 + 7 + 8 + 9 = 45.$$

LE PROF DE MATH

Le professeur de mathématiques et son petit-fils, ensemble, ont 73 ans et la différence entre leur âge est 24 + 25 = 49 ans. Supposons que x = âge du professeur et y = âge du petit-fils.

En additionnant les équations x + y = 73 et x – y = 49, vous obtenez 2x = 122.
Par conséquent, le professeur a 61 ans. Son fils a 61 – 24 = 37 ans. Le petit-fils a 37 – 25 = 12 ans.

ATTRIBUTION DES PLACES

Le changement de place de M. Hooper de gauche à droite de l'autel égalise les deux côtés. Pour résoudre ce problème, supposons que D = les personnes à droite, et G = les personnes à gauche, donc D + 1 = G – 1 ou D + 2 = G.

Lorsque Mme Gooch s'est déplacée à gauche de l'autel, il y avait la moitié moins de personnes à droite qu'à gauche. Ainsi, 2(-1) = G + 1 ou 2D – 3 = G. En substituant D + 2 à G, nous obtenons 2D – D + 2 ou D = 5.

Par conséquent, cinq personnes s'assoient habituellement à droite de l'autel et sept personnes à gauche, soit deux personnes de plus à droite.

JALOUSIE

Assignez une lettre majuscule à chacun des hommes (A, B, C) et une lettre minuscule à chacune des femmes (a, b, c).

Vous trouverez ci-contre l'une des façons possibles de traverser le lac pour les six personnes.

Pouvez-vous faire mieux?

	Un côté		Côté opposé
1.	A, a, B, b	C, c →	
2.	A, a, B, b	C ←	c
3.	A, a, C	B, b →	c
4.	A, a, C,	c ←	B, b
5.	A, a	C, c →	B, b
6.	A, a	c ←	B, b, C
7.	A	a, c →	B, b, C
8.	A	a ←	B, b, C, c
9.		A, a →	B, b, C, c

COURIR APRÈS LE TEMPS

La grande aiguille de l'horloge bouge exactement 12 fois plus vite que la petite aiguille. Elle couvre 360 degrés en 1 heure, tandis que la petite aiguille couvre seulement un angle de 30 degrés. Les aiguilles s'alignent 11 fois. La douzième fois qu'elles s'alignent est le point de départ d'un autre cercle.

Ainsi, nous divisons 12 heures – ou 720 minutes (12 x 60) –, par 11 et constatons que 65 minutes et 27,3 secondes passeront avant que les deux aiguilles de l'horloge soient de nouveau au même endroit sur l'horloge.

RANDONNÉE À VÉLO

Si chacun des quatre doit monter le vélo et le remettre à chacun des autres membres du groupe, vous devez multiplier 4 x 3 = 12. Cela signifie que le vélo est remis 12 fois, car chacun des quatre remettra le vélo aux trois autres. Vous devez additionner le premier jour au nombre des changements, car Éric a d'abord monté le vélo lent. La randonnée a duré 13 jours, avec Éric de nouveau en possession de son vélo à la fin de la randonnée. Pourquoi? Supposons qu'Éric n'a pas son vélo le dernier jour. Il a commencé avec son vélo et, pendant le voyage, il doit avoir reçu le vélo de trois personnes différentes. S'il n'est pas le dernier randonneur, il doit avoir remis le vélo à un nouveau randonneur. Cela signifie qu'il a remis le vélo à quatre personnes différentes, mais il n'y a que trois autres randonneurs. Par conséquent, Éric doit être celui qui a monté le vélo le dernier jour.

L'ART DU CALCUL MENTAL

1. Une façon de simplifier le problème est d'additionner deux chiffres qui conviennent, peu importe lesquels. Cela réduit le travail de moitié. Par exemple, essayez d'additionner le premier et le dernier (1 et 100 = 101), puis, le deuxième et l'avant-dernier (2 + 99 = 101). Comme la chaîne de chiffres à additionner en contient exactement 100, vous aurez 50 fois la somme 101. Par conséquent, le résultat de l'addition totale doit être 50 x 101 = 5 050.

2. Remarquez que chaque paire de chiffres après le 2 initial (-4 + 6; -8 + 10; -12 + 14) est égale à 2. Ainsi, la somme totale augmente de 2 avec chaque paire de chiffres ajoutée à la série (2 après un chiffre, 4 après trois chiffres, 6 après cinq chiffres, 8 après sept chiffres et ainsi de suite). Il y a 105 chiffres dans la série (210 ÷ 2 = 105), alors la somme de la série est 106.

INDEX

Découvrez
un aperçu du livre
Testez votre logique
paru dans la même collection.

Sur la tablette

Mélanie est une auteure prolifique, qui a publié trois genres d'ouvrages. Elle range une copie de chacun de ses livres publiés dans une bibliothèque à trois tablettes (tel qu'illustré ci-contre), chacune d'elles contenant un genre d'ouvrages. Retrouvez, pour chaque tablette, le genre des livres qui y sont rangés et leur nombre.

1. Mélanie a rédigé trois guides touristiques (placés sur la tablette du haut) de plus que de romans à énigme.

2. Les livres de cuisine sont sur une tablette située quelque part au-dessus de celle qui contient exactement sept livres.

3. Mélanie a écrit 25 livres en tout.

Solution à la page 114.

haut
milieu
bas

Tout arrêter

Au cours des quatre dernières années (1999-2002), Max s'est débarrassé de quatre habitudes, en ayant chaque fois recours à une méthode différente (dont la psychothérapie). Retrouvez, pour chaque habitude, l'année où il s'en est débarrassé et la méthode employée pour y parvenir.

1. En 2000, Max a arrêté de fumer la cigarette.

2. Il a arrêté de boire du café deux ans avant d'arrêter autre chose avec l'aide d'un groupe de soutien.

3. Max a employé l'hypnose pour arrêter de regarder la télévision.

4. Il n'a pas arrêté de manger des desserts l'année qui a suivi celle où il a employé un entraîneur pour se débarrasser d'une habitude.

Solution à la page 115.

année	habitude	méthode
1999		
2000		
2001		
2002		

Philosophes et comiques

Alors qu'ils prennent une pause durant une séance d'études tardive, Antoine et ses deux colocataires se sont lancés dans une conversation animée sur les mérites de trois philosophes existentiels, tout en regardant un film des Trois Stooges à la télévision. Retrouvez, pour chaque colocataire, le philosophe et le comique préférés.

1. L'étudiant qui préfère les œuvres d'Albert Camus apprécie aussi le plus les pitreries de Larry.

2. Le comique préféré de Nicolas n'est pas Moe.

3. L'étudiant qui a le plus de respect pour l'œuvre de Simone de Beauvoir ne préfère pas Curly.

4. L'existentialiste préféré de Fred est Jean-Paul Sartre.

Solution à la page 116.

	Camus	de Beauvoir	Sartre	Moe	Larry	Curly
Antoine						
Fred						
Nicolas						
Moe						
Larry						
Curly						

Emploi d'été

Pendant l'été, Josée a gagné de l'argent en travaillant pour quatre voisins, à une tâche différente pour chacun d'eux. Retrouvez, pour chaque voisin, le numéro de rue et la tâche effectuée par Josée.

1. Jacques a engagé Josée pour promener ses chiens.

2. Ariane ou Maurice habite au N° 141.

3. Rachel habite deux maisons à l'est de la personne qui a engagé Josée pour garder ses enfants.

4. Le voisin qui habite au N° 139 et la personne qui a engagé Josée pour faire le ménage sont de sexe opposé.

5. La personne qui a engagé Josée pour jardiner n'habite pas au N° 143.

Ouest ← | # 137 | # 139 | # 141 | # 143 | → Est

Solution à la page 117.

Lire entre les lignes

Deux couples mariés travaillent ensemble à la bibliothèque. Les deux bibliothécaires (multimédia et en chef) disent toujours la vérité alors que les deux commis (aux périodiques et à la référence) mentent toujours. Retrouvez l'emploi de chaque personne.

Alain

1. Chloé n'est pas la bibliothécaire en chef.
2. Ma femme n'est pas le commis à la référence.

Benoîte

3. Les bibliothécaires sont tous les deux des hommes.

Chloé

4. Daniel est mon mari.

Daniel

5. Ma femme est le commis aux périodiques.

Solution à la page 118.

prénom	emploi
Alain	
Benoîte	
Chloé	
Daniel	

Ours d'un soir

Avant d'aller se coucher hier soir, quatre membres de la famille de Véronique (dont son frère) l'ont aidée à interpréter l'histoire de Boucle d'Or et les trois ours. Véronique jouait Boucle d'Or et chaque membre de sa famille jouait un personnage différent (y compris Bébé Ours). Retrouvez, pour chaque personne, le personnage interprété et le lien de parenté avec Véronique.

1. Alex, qui jouait Papa Ours, n'est pas le père de Véronique.

2. Rémi n'a joué ni Maman Ours ni la mère de Boucle d'Or.

3. L'oncle de Véronique, Gérard, n'a pas joué la mère de Boucle d'Or.

4. Ni Alex ni Laurent n'est le grand-père de Véronique.

Solution à la page 119.

	frère	père	grand-père	oncle	Papa Ours	Maman Ours	Bébé Ours	mère de Boucle d'Or
Alex								
Gérard								
Laurent								
Rémi								
Papa Ours								
Maman Ours								
Bébé Ours								
mère de Boucle d'Or								

Sur la tablette

La tablette du haut contient les guides touristiques (1). Les livres de cuisine ne sont pas sur la tablette du bas (2); donc ils sont sur la tablette du milieu. En y allant par élimination, la tablette du bas contient les romans à énigme. Il y a 7 romans à énigme (2); donc il y a 10 guides touristiques (1). On a 17 livres sur 25 (3); donc Mélanie a écrit 8 livres de cuisine.

haut	guides touristiques	dix
milieu	livres de cuisine	huit
bas	romans à énigme	sept

Tout arrêter

En 2000, Max a arrêté de fumer la cigarette (1). Il a arrêté de boire du café en 1999 et a employé un groupe de soutien en 2001 (2). Max a employé l'hypnose pour arrêter de regarder la télévision (3); donc c'était en 2002. En y allant par élimination, il a arrêté de manger des desserts en 2001. Il n'a pas employé un entraîneur en 2000 (4); donc il a employé un psychothérapeute. Par élimination, il a employé un entraîneur en 1999.

1999	café	entraîneur
2000	cigarette	psychothérapie
2001	desserts	groupe de soutien
2002	télévision	hypnose

Philosophes et comiques

Un étudiant préfère Camus et Larry (1). L'étudiant qui aime Simone de Beauvoir ne préfère pas Curly (3); donc il aime Moe. En y allant par élimination, l'étudiant qui aime Sartre aime aussi Curly. Cet
étudiant est Fred (4). Le comique préféré de Nicolas n'est pas Moe (2); donc c'est Larry. En y allant par élimination, le comique préféré d'Antoine est Moe.

Antoine	de Beauvoir	Moe
Fred	Sartre	Curly
Nicolas	Camus	Larry

Emploi d'été

Ariane ou Maurice habite au N° 141 (2). Rachel habite au N° 143 et la personne au N° 139 a engagé Josée pour garder ses enfants (3). Jacques a engagé Josée pour promener ses chiens (1); donc il habite au N° 137. Rachel, au N° 143, n'a pas engagé Josée pour jardiner (5); donc la personne au N° 141 l'a engagée pour jardiner. En y allant par élimination, Rachel a engagé Josée pour faire le ménage. Ainsi, un homme habite au N° 139 (4); donc c'est Maurice. En y allant par élimination, Ariane habite au N° 141.

N° 137	Jacques	promener les chiens
N° 139	Maurice	garder les enfants
N° 141	Ariane	jardiner
N° 143	Rachel	faire le ménage

Lire entre les lignes

Si Benoîte a dit la vérité, elle devrait être une bibliothécaire (intro), ce qui est une contradiction (3). Ainsi, Benoîte a menti; donc c'est un commis (intro). Les bibliothécaires ne sont pas tous les deux des hommes (3); donc Chloé est une bibliothécaire. Ainsi, Chloé a dit la vérité (intro); donc c'est la femme de Daniel (4). En y allant par élimination, Alain est marié à Benoîte. La déclaration 5 est fausse; donc Daniel a menti; donc c'est un commis (intro). En y allant par élimination, Alain est un bibliothécaire; donc il a dit la vérité (intro). Chloé n'est pas la bibliothécaire en chef (1); donc c'est la bibliothécaire multimédia. En y allant par élimination, Alain est le bibliothécaire en chef. Sa femme, Benoîte, n'est pas le commis à la référence (2); donc Daniel l'est (voir ci-dessus). En y allant par élimination, Benoîte est le commis aux périodiques.

Alain	bibliothécaire en chef
Benoîte	commis aux périodiques
Chloé	bibliothécaire multimédia
Daniel	commis à la référence

Ours d'un soir

Alex a joué Papa Ours (1). Rémi n'a joué ni Maman Ours ni la mère de Boucle d'Or (2); donc il a joué Bébé Ours. Gérard n'a pas joué la mère de Boucle d'Or (3); donc Laurent l'a fait. En y allant par élimination, Gérard a joué Maman Ours. Il est l'oncle de Véronique (3). Ni Alex ni Laurent n'est le grand-père de Véronique (4); donc Rémi l'est. Alex n'est pas le père de Véronique (1); donc c'est son frère. En y allant par élimination, Laurent est son père.

Alex	frère	Papa Ours
Gérard	oncle	Maman Ours
Laurent	père	mère de Boucle d'Or
Rémi	grand-père	Bébé Ours

Bon de commande

Qté	Titre	Prix (taxe incluse) Canada	Europe	Total
	Bonhomme pendu N°1	6,95 $	4,95 €	
	Bonhomme pendu N°2	6,95 $	4,95 €	
	Mots croisés faciles	5,95 $	3,95 €	
	Mots cachés captivants	5,95 $	3,95 €	
	Casse-têtes énigmatiques	5,95 $	3,95 €	
	Nombres croisés captivants	5,95 $	3,95 €	
	Sommes croisées captivantes	5,95 $	3,95 €	
	Labyrinthes 101	5,95 $	3,95 €	
	Casse-têtes mathématiques	5,95 $	3,95 €	
	Énigmes de pensée latérale	5,95 $	3,95 €	
	Exercez vos neurones	5,95 $	3,95 €	
	Testez votre logique	5,95 $	3,95 €	
			Total partiel	
	Frais de livraison	3,50 $	1 livre : 5,00 € 2 livres : 7,00 € 3 livres : 9,00 € 4 livres : 11,00 € 5 livres et plus : 13,00 €	
			Prix total	

Bon de commande

Nom ____________________

Adresse ____________________ App. ________

Ville ____________________

Pays ____________________

Code postal ____________________

N° de téléphone ____________________

S.V.P. Envoyez-moi le(s) livre(s) mentionné(s) à la page précédente.

Je joins ____________ $ ou ____________ €

Faites parvenir votre chèque ou mandat-poste à :

Les Publications Modus Vivendi Inc.
55, rue Jean-Talon Ouest, 2e étage
Montréal (Québec) H2R 2W8
Canada

Vous pouvez également payer par carte de crédit :

☐ Visa ☐ MasterCard ☐ Amex Date d'expiration |__|__|

N° de la carte |__|__|__|__|__|__|__|__|__|__|__|__|__|__|__|__|

Signature ____________________

Nom (lettres carrées) ____________________

Vous pouvez aussi commander :

par téléphone : 514 272-0433
par télécopieur : 514 272-7234
par Internet : www.editionsbravo.com

Imprimé sur Rolland Enviro100, contenant 100% de fibres recyclées postconsommation, certifié Éco-Logo, Procédé sans chlore, FSC Recyclé et fabriqué à partir d'énergie biogaz.